Comfort from the Bible Word Search

Circle the hidden words forwards, backwards, up, down, or diagonally.

E5095

warnerpress®

30580PO100000041

When you need...HOPE

Read Jeremiah 29:11–12

```
H A R M P Q S J O T X V W D
M M F Q F J W Z T O A N H D
S E V T B Y E H R S M O E P
S A G L Y I X J E R S C C R
P O L X Z Q R V H C L S L A
W A L L Z E A Y O A D I V Y
C T H Q P H Z D R U S G P U
N M X S I U B E V T I A U C
M S O G F M S U E C U P Z C
J R W P V Y C N R B E M O C
P U T R O U L G H G A U D R
W M K F O Z Z O M I G Q C Y
L D F H S I L W R Z E Q A H
B S M I J M E C E D X V L M
S D U V U V B C D R G B I W
N A X U E D V Y W S U E Z G
A X L P T C J O X L Z T F M
L Q O C M N N E A U R U U Q
P H Q P W K L R D Y P N J F
```

KNOW
PLANS
HAVE
DECLARES
LORD
PROSPER
HARM
GIVE
HOPE
FUTURE
CALL
COME
PRAY
LISTEN

(ANSWERS ON PAGE 45)

Read Romans 5:3–5

A A P P N F B Q S T R A E H Y A
H A E E D S B R E T C A R A H C
S Z T V R H C B U N Q V V T P P
I U A W K S X M Q W X P D H R T
K S F O E X E J C P G B O O U J
N K Z F Y D F V A F S P D Y N X
O L A V E E B S E M E U H F T J
W J B R O R G C G R C T W Y D Q
O Z U E I I I D U E A B F A A O
C O T W C C K N S N H N X L T K
P C Z I M A G H G S A J C W I S
D C O W R Q U U L S F Z E E A F
B T O B V I D S G M W L Z E C N
L I L F D E P U E R E V O L I E
S X O T I V O S Y Q E V D Z L V
W E D M H H D R Y C P M I V U I
D O B N E F O C Y L C C A D T G
O H X D Z L G V T T O E S H L G
G B C C G O M J A K M H L B S A

GLORY
SUFFERINGS
KNOW
PRODUCES
PERSEVERANCE
CHARACTER
HOLY SPIRIT
HOPE
SHAME
BECAUSE
GOD
LOVE
POURED
HEARTS
GIVEN

(ANSWERS ON PAGE 45)

When you need...PEACE

Read Isaiah 32:16–18

Y	E	M	I	U	P	L	U	F	E	C	A	E	P
S	P	F	R	V	C	E	O	I	W	T	J	U	R
E	R	J	F	K	G	K	O	U	C	C	S	I	J
C	W	N	D	E	P	S	B	P	F	M	G	E	Q
A	J	Z	Z	V	C	M	H	P	L	H	G	W	R
L	E	V	C	T	N	T	L	L	T	E	H	Y	D
P	C	W	A	G	M	T	N	E	N	G	E	O	L
V	S	E	C	U	R	E	O	N	N	P	G	C	W
V	W	F	S	U	L	U	U	I	S	I	D	B	M
U	L	V	L	Y	S	C	L	W	F	E	H	P	M
S	G	U	G	N	T	L	M	U	B	V	G	U	I
S	L	X	E	A	E	X	C	R	V	A	S	M	E
E	N	S	X	W	V	R	U	A	U	B	Y	P	Q
N	S	C	D	K	J	T	E	M	S	X	T	J	N
T	Q	G	V	E	S	E	F	V	J	E	N	O	X
E	U	K	L	I	C	F	L	Z	E	Q	M	G	R
I	N	E	D	A	U	X	A	X	P	R	W	O	O
U	C	N	E	C	N	E	D	I	F	N	O	C	H
Q	U	P	F	Q	U	Z	F	R	U	I	T	F	R

FRUIT
PEACE
EFFECT
SECURE
QUIETNESS
CONFIDENCE
RIGHTEOUSNESS
UNDISTURBED
FOREVER
PEOPLE
PEACEFUL
DWELLING
PLACES
HOMES
REST

(ANSWERS ON PAGE 45)

Read Philippians 4:6–7

T Y G I D F Q U H B A M P R G L
A R L U A H M E B Q I H H C U T
Z N N B A E A A R N Y U T E H D
H V X X E R K O D B C A E A X B
M R G I T P D S T U T P N I O C
Q I P S O A F R C D A K Y X H S
K F Y U A U L N O P S H F R G O
K I L P G G S P O G F S I N H I
J R F Y Q K F Q I I H S I D G L
S D D Y Y P O V Q H T D W V H P
D L R G E W I Q I J N A Q I R I
N G E M A N B E E A T N U A J T
E N Q P G U G S T T P G Y T N T
C I U L V F U S N D N E C Z I G
S H E Q U S R O X O R E O S E S
N T S Q P E U G L G Z K S C B N
A Y T R D I W N K A H L A E E U
R N S N E S O Z L E X E P U R Y
T A U U I C W U I A P H U F Q P

ANXIOUS
ANYTHING
SITUATION
PRAYER
THANKSGIVING
TRANSCENDS
UNDERSTANDING
CHRIST JESUS
PRESENT
REQUESTS
GOD
PEACE
GUARD
HEARTS
MINDS

(ANSWERS ON PAGE 45)

When you need... LOVE

Read Psalm 36:5–7

R I G H T E O U S N E S S S
Z J M M X S H Y P E M G P R
U E W O P T S I Q D A H E L
D A Y L U O Y Q G I P A I U
F Z S U E N V W I H C F N R
A B X W L H T T Z H E F F J
I B T D D E S A E L A S R Z
T F M C R A K S I I U I T M
H B S B H A O H L N X U I I
F E G R E A T I X D S V A D
U M S V W V N Z B S U R I N
L U X R P G T J S E E H J R
N E Q U B E N E B V E D E H
E Q N U W F L Q R C P E E D
S B E D S E B E I E T Y Q B
S Q S E C Z S T E O D X E Z
X Y I I V E S J L M B R V Z
B K R O R U V H O J Y A O K
S P E P J H E A V E N S L L

LOVE	REACHES	FAITHFULNESS	PRESERVE
LORD	HEAVENS	RIGHTEOUSNESS	PRICELESS
SKIES	HIGHEST	MOUNTAINS	UNFAILING
DEEP	JUSTICE	GREAT	

(ANSWERS ON PAGE 45)

Read John 3:16–17

L	B	D	L	S	U	U	F	N	H	S	I	R	E	P	L
O	X	E	V	I	N	Y	B	Y	A	Q	F	E	L	O	M
F	M	T	L	I	F	O	N	L	Y	S	O	N	V	Z	V
I	W	B	Z	I	D	E	O	H	K	Z	K	E	X	K	P
V	J	H	S	I	E	K	V	B	D	P	D	L	N	B	L
U	J	D	O	S	N	V	S	J	L	B	T	Y	A	B	Q
V	Y	E	G	E	M	O	E	G	D	F	C	P	B	O	Y
Y	E	Y	N	M	V	Z	W	S	A	X	Y	Q	Y	B	T
Q	F	U	A	C	E	E	N	H	P	V	U	C	Z	H	W
Z	K	H	S	F	R	M	R	X	L	F	E	G	R	B	U
A	A	C	K	W	E	X	U	S	H	I	M	O	F	R	N
E	J	B	Y	D	J	T	B	F	U	V	U	A	D	J	Q
W	D	T	N	C	G	P	N	H	L	G	S	W	H	G	T
J	V	O	B	Y	R	R	U	A	H	A	T	O	R	N	E
L	C	U	N	A	D	S	Z	X	Q	L	N	O	M	U	V
W	O	X	D	L	F	A	V	H	I	A	O	R	D	R	L
X	A	D	R	N	L	V	L	I	E	J	D	D	E	P	A
A	J	O	W	Y	E	E	L	Z	R	B	F	O	R	T	Z
T	W	A	H	P	B	S	N	D	E	V	D	K	G	Q	E

GOD
LOVED
WORLD
GAVE
ONLY SON
WHOEVER
BELIEVES
PERISH
ETERNAL
LIFE
SEND
CONDEMN
SAVE
THROUGH
HIM

(ANSWERS ON PAGE 45)

When you need...ENCOURAGEMENT

Read Psalm 10:17–18

O P T T E R R O R A R Z P F
P T K H E N A U E K I R T S
P L B B O Q Q L A N M K P D
R G I H X K D R W V M Q E X
E M E S A L E Z P Q Q F K R
S N D Z T V H N B I E Q Z Y
S L F P E E R X E N G F S L
E G W N Y F N Z D R C Z Y U
D E E Q E S K I Z T I R V E
W R Y U S X N L S A R S N V
I A D Y F G Q S S T H C E C
O X E F B D L Y E R O N R D
U S T X E C N M L U N Y B Y
Q L C R D T J R R H D F M L
C A I O F S A A E W T R N C
D T L W L K G X H K R R N A
R R F K K E O B T X F A A D
O O F S O B T M A X K B E E
L M A Z R B Y I F X K K B H

LORD
HEAR
DESIRE
LISTEN
AFFLICTED
ENCOURAGE
DEFENDING
FATHERLESS
OPPRESSED
EARTHLY
MORTALS
TERROR
STRIKE
NEVER
CRY

(ANSWERS ON PAGE 45)

Read 2 Thessalonians 2:16–17

H	P	A	Y	D	N	I	U	Q	G	L	O	V	E	D	N
H	E	I	S	N	A	N	E	H	T	G	N	E	R	T	S
Z	U	A	Y	Q	L	U	U	J	C	U	U	V	E	S	G
G	J	M	R	Q	K	S	M	Z	Y	Q	T	T	M	O	J
N	O	T	M	T	V	U	X	J	F	M	E	B	Q	X	E
C	D	O	L	O	S	N	E	F	A	R	S	P	Z	B	Z
Q	I	E	D	V	I	S	P	M	N	R	S	R	T	E	E
P	U	X	O	D	U	O	F	A	I	I	E	N	V	N	Y
E	Q	Z	R	S	E	A	L	U	C	Z	E	H	D	E	L
V	W	U	A	M	Q	E	A	Q	B	M	W	B	T	L	Y
P	A	G	Z	Y	Q	S	D	E	E	T	Q	I	L	A	H
B	Y	R	O	S	E	W	G	G	H	V	S	T	W	R	F
A	G	A	H	H	E	A	A	W	N	I	T	I	D	S	R
Q	A	C	M	O	R	R	G	O	R	E	E	O	R	M	C
A	V	E	T	U	U	V	F	M	L	D	G	S	I	H	F
F	Q	Q	O	O	F	E	R	S	D	S	H	D	M	K	C
V	J	C	C	E	Q	E	P	H	P	R	V	X	R	I	G
Q	N	N	Z	W	H	Q	P	O	X	Z	O	L	X	O	R
E	E	N	U	Y	E	U	V	X	H	J	V	L	T	A	W

LORD	HOPE	ETERNAL	ENCOURAGEMENT
JESUS	FATHER	HEARTS	ENCOURAGE
CHRIST	LOVED	GOOD DEED	STRENGTHEN
GOD	GRACE	WORD	

(ANSWERS ON PAGE 45)

When you need... PRAYER

Read Psalm 17:1–2

G X E L E J B K E N D C G P
Q P U Y I H Z R I S E S R T
F F E J R P T F D Y V A A R
H S X W L V S E L C Y W W E
J P X H Z Q N N R E D A V Z
C O B W H A M Y R H B I K T
T W Z H E K O S Z Y N G V D
R F R W A G D T I D E V I B
N Z I X R O I Z I G E Y F Z
T F V U V O K C V U Z O P K
G A O N F T A L Q D C L M E
N Y Z E N T G P R A U Z P D
L S K R I P P L L F O C V I
N K S O J M W H T E S C A N
E O N W L N O I M T A N K N
T V C E M P E E H T D L N M
S M B Q M C O G R Z S R U X
I A E J E O I S K O U U O O
L T H D Z R C R T E E S J L

HEAR
LORD
PLEA
JUST
LISTEN
CRY
RISE
LIPS
DECEITFUL
PRAYER
VINDICATION
COME
EYES
SEE
RIGHT

(ANSWERS ON PAGE 45)

Read Romans 8:26–27

H	C	I	E	S	S	E	L	D	R	O	W	R	W	Q	V
N	W	K	L	Z	G	S	M	I	N	D	X	I	Y	R	I
O	U	G	H	T	R	R	M	T	B	O	L	G	Q	N	B
X	H	W	O	N	O	Y	Q	G	Z	L	P	O	T	W	K
K	I	M	D	S	A	Y	T	J	O	C	N	E	D	E	D
N	O	P	I	Q	N	C	C	F	L	N	R	A	E	A	J
O	E	W	X	O	S	C	G	V	X	C	H	J	C	F	Y
W	E	F	J	F	J	O	X	A	E	E	S	Z	I	M	F
S	D	M	H	M	D	Z	Z	D	L	Y	O	Q	I	D	G
V	P	X	P	L	U	U	E	P	W	P	E	L	S	V	U
F	C	P	S	V	R	S	S	N	G	C	N	P	T	Y	C
B	M	F	Z	E	V	S	S	Z	N	Z	I	J	F	T	W
K	H	X	L	D	I	S	E	A	S	R	G	H	K	T	Q
S	Z	E	L	D	E	J	D	H	I	E	N	H	S	I	U
J	M	M	A	N	N	R	L	T	C	B	L	B	I	X	N
U	O	N	K	R	O	R	K	K	T	R	G	P	H	J	Y
S	A	A	D	C	T	Y	S	C	Q	K	A	E	O	P	A
P	E	J	C	S	M	S	L	X	F	N	P	E	T	E	R
W	N	A	R	D	W	R	W	U	H	O	G	B	S	B	P

SPIRIT
HELPS
OUGHT
PRAY
MIND
HEARTS
KNOWS
PEOPLE
WEAKNESS
INTERCEDES
WORDLESS
GROANS
SEARCHES
ACCORDANCE
WILL OF GOD

(ANSWERS ON PAGE 45)

When you need...a FRIEND

Read Proverbs 17:17; 18:24

```
S S V W M R A M S E V O L U
O R T B W Q D A R X O L N E
O T V I C S J O J D O R L K
N X S V C L E M L D E S E A
E U N K Z K V C N L U L D H
R P E L M G S L I L K V H S
E G B Q F X K A V F E S Y V
H D F G V K B I B R C Q P U
T K A J W L V N S O J I B P
A N X N E H Y I W E R J B T
Y W H O N X T S Z X P N R G
I N Z N B Y T B D R K E O S
A F I R E G S Q H N G T T R
L U N Z G E Z D R P E I H N
R Y Y V M N E E N M Y I E N
R D Y O M Z S S R E Z A R N
N S C A C O E L Z U I B K F
Y U N Q L M S A U N A R E Y
V T B C A L L T I M E S F O
```

FRIEND	ADVERSITY	FRIENDS	STICKS
LOVES	UNRELIABLE	SOON	CLOSER
BORN	ALL TIMES	COMES	
RUIN	BROTHER	THERE	

(ANSWERS ON PAGE 45)

Read John 15:13–15

G	F	T	D	X	M	G	N	I	H	T	Y	R	E	V	E
X	A	Q	I	N	S	T	E	A	D	J	S	E	W	N	A
B	T	M	Q	J	V	F	Z	X	O	N	A	Q	Q	N	F
V	H	J	L	Q	O	Y	X	L	S	L	Y	E	U	R	X
M	E	G	U	R	L	S	V	I	X	B	M	E	I	K	I
C	R	C	P	T	P	C	F	F	O	Q	V	E	G	N	T
Z	A	T	U	I	Y	N	F	E	E	U	N	I	B	O	B
H	Y	Y	P	I	V	V	Q	O	X	D	T	U	R	W	N
C	O	M	M	A	N	D	T	Y	S	E	V	O	L	N	F
E	C	G	R	E	A	T	E	R	N	R	W	E	N	D	R
U	X	R	G	Q	P	J	P	I	U	W	E	O	W	Y	H
O	U	C	Y	U	S	S	S	L	S	L	O	T	H	S	Q
J	O	X	N	N	N	S	D	T	D	B	I	D	S	R	B
S	U	S	K	F	E	V	N	H	P	E	Q	A	Y	A	T
Q	L	O	H	N	T	A	E	H	A	G	N	G	W	A	M
B	L	L	I	T	V	U	N	F	Q	Y	F	R	Q	X	L
V	Q	S	R	R	C	D	O	A	B	H	R	V	A	T	T
H	U	Z	E	J	W	Y	O	H	R	Y	R	P	V	E	V
B	P	S	K	S	R	O	N	F	C	P	J	N	P	M	L

GREATER
LOVE
LIFE
NO ONE
LAY DOWN
FRIENDS
COMMAND
SERVANTS
MASTER
BUSINESS
INSTEAD
EVERYTHING
LEARNED
FATHER
KNOWN

(ANSWERS ON PAGE 45)

When you need...to be HEARD

Read Psalm 61:1–3

K	P	F	K	O	R	U	L	I	S	T	E	N	P
T	X	F	A	I	N	T	C	M	O	E	A	R	G
K	H	N	E	Y	K	R	A	T	W	F	A	O	J
H	B	B	F	Q	D	L	E	A	D	Y	D	U	Z
D	I	F	M	Z	E	R	Q	X	E	W	W	V	H
F	Q	G	Z	I	S	U	O	R	G	X	O	E	R
N	D	T	H	E	H	D	X	Y	U	I	A	A	Y
X	J	V	N	E	W	R	S	P	I	R	H	O	F
A	V	A	P	N	R	T	A	C	T	Q	Z	T	E
B	T	Z	V	H	C	Z	T	R	A	Y	S	A	D
Q	V	V	A	B	E	Q	U	C	I	P	R	L	T
D	G	I	L	R	C	S	I	E	A	T	H	B	R
L	B	Z	E	P	M	D	G	G	H	L	W	A	H
G	W	W	C	R	Y	U	Z	E	X	I	L	N	Y
C	O	X	V	G	F	K	Z	J	V	W	B	U	E
T	H	M	B	E	J	V	K	R	K	S	T	G	Y
G	B	L	R	Q	H	C	B	V	A	J	D	P	L
C	C	V	W	P	O	S	E	K	I	E	T	N	V
S	V	K	T	R	B	I	I	S	N	V	H	S	E

HEAR
CRY
GOD
LISTEN
PRAYER
ENDS
EARTH
CALL
HEART
FAINT
LEAD
ROCK
HIGHER
REFUGE
TOWER

(ANSWERS ON PAGE 46)

Read 1 John 5:14–15

P	G	N	B	U	M	F	E	T	E	R	N	A	L	E	K
A	X	J	A	B	W	Q	H	Y	Y	O	L	W	K	N	D
N	A	P	J	N	Y	Q	P	U	M	E	H	X	O	G	L
Y	E	C	T	I	V	U	I	I	Y	F	L	W	O	H	W
T	V	Q	C	Y	U	M	V	Z	U	Q	I	T	R	H	S
H	A	D	E	O	W	T	P	P	O	U	J	W	A	Q	D
I	H	X	I	M	R	P	U	R	H	W	Y	T	Q	A	W
N	B	T	T	Q	U	D	D	L	N	A	E	C	D	T	O
G	H	V	L	E	Z	S	I	C	C	V	N	C	A	G	M
Y	R	U	R	A	W	C	M	N	E	H	A	S	O	N	G
H	D	I	D	K	E	Z	J	R	G	V	T	D	K	I	K
B	R	R	L	K	Y	N	F	X	D	E	X	Y	C	H	C
Q	U	A	B	P	D	W	A	O	V	Q	U	O	Z	C	U
C	N	X	M	C	O	N	F	I	D	E	N	C	E	A	K
E	R	O	L	S	Z	D	S	I	U	K	D	Z	D	O	T
Q	B	W	R	Y	G	E	Y	Z	O	Y	L	V	D	R	L
S	Q	A	E	K	C	F	W	D	O	G	K	H	U	P	L
C	E	B	F	S	J	I	I	V	B	E	D	P	Z	P	I
H	E	Z	B	A	E	L	U	I	U	F	U	P	A	A	W

CONFIDENCE
APPROACHING
ETERNAL
HAVE
GOD
LIFE
ASK
HEARS
WILL
KNOW
ACCORDING
WHATEVER
ANYTHING

(ANSWERS ON PAGE 46)

When you need... SUPPORT

Read Isaiah 41:9–10

```
N L G D V D T S E H T R A F
C C M K F K C E F Z Q G R E
H A O G R A G E I R Z E N E
O Q X R L M X G O H J D R O
S X V L N R N R Q E S Q I C
E P E U A E B T C V Z X U V
N D O Z P P R T N U I V S P
N E G T V H E S D A D H K V
P W T O L D O L W J V B O E
C N J P R R L L Q W Q R C C
K E D W Z D Y Q D J R A E Q
T H U U Y C N U J F T T D S
G T O J L M R A E A O C E P
I G P Q U C Z A H O D Q Y O
E N L L Q I R H E T O Q A A
L E E Q T H T H W N H K M N
U R H Z H R C H T B L G S P
S T E N A S U O E T H G I R
Z S O E K I J N U U H U D R
```

ENDS	FARTHEST	CHOSEN	STRENGTHEN
EARTH	CORNERS	REJECTED	RIGHTEOUS
FEAR	CALLED	DISMAYED	RIGHT HAND
HELP	SERVANT	UPHOLD	

(ANSWERS ON PAGE 46)

Read Hebrews 13:5–6

A F X D C D A O E X U D U R P M
Y W N E N O X Z U J Y Y Q Z O O
O A C E I A N C Z D M N Y R E S
U F F H V N B F L J N M T Y A S
L R L C W E L E I Z O A Z I A J
Z A U M F P R H F D L Z D I I N
I I I D H O N I O S E V H O D O
T D H O I J H R U O Q N T C O T
Q C Z M K T Z D R R J R C J G W
M D L J A T N G N O Z T J E W W
C R T H K H U Q G G S I N Z G J
S O W F C L W E A C F L W X M P
F L O H E I J C T L F Y S M P E
Y U Z Z K K M R P Y T G H O K V
G O Y A L A A E E O F I K P N A
Y F V U J E D S O P L Y J V M E
A I A J R Q F Y R B L J A K X L
E W B E I C Y U C O X E I O B P
V P M F B W H K S J F O H S D Z

GOD
SAID
NEVER
LEAVE
YOU
FORSAKE
SAY
CONFIDENCE
LORD
HELPER
AFRAID
WHAT
MERE
MORTALS

(ANSWERS ON PAGE 46)

When you need… HEALING

Read Psalm 103:2–5

B E L V V B T P R A I S E C
L E N K N D J W X C G S R D
I K E W B U G M B U B O I A
F U C Z E P M G R X W S T I
E J O P S K I E N N E S S V
Y Q M G I B D M S A Z N T W
Z W P P H E O G S Q A Z H U
I V A R E Q D E K U K D S Z
L B S M N I S M S D X I H S
F K S S O K E T R H N O W Y
S C I G V E I F C S D R O L
E Q O G V F S W J F E Q U E
I R N M E C J E U W V P A V
F V C N A Y T C V J O U A Y
S I E R F S E Q R I L N E A
I B L E L T G L V L G Y Q Y
T F V A B F R J C G C R A R
A K E Y D N O Q N R R P O Y
S H L V F R F M T L U O S F

PRAISE	FORGET	DISEASES	LOVE
LORD	BENEFITS	REDEEMS	COMPASSION
SOUL	FORGIVES	LIFE	SATISFIES
SINS	HEALS	CROWNS	

(ANSWERS ON PAGE 46)

Read James 5:14–15

X	X	C	Y	I	Z	N	Z	F	A	Z	L	G	T	J	R
T	D	A	U	L	N	A	M	E	P	H	O	K	P	P	E
C	R	F	N	A	A	D	Y	P	O	A	R	F	C	A	E
Y	H	S	O	Y	W	U	Q	A	Y	M	D	O	O	L	W
X	J	U	U	R	O	L	G	R	M	V	F	N	D	J	W
Q	V	O	R	H	A	N	H	E	S	Z	B	E	H	Q	W
W	A	N	O	C	E	I	E	I	I	P	R	U	X	E	N
U	H	B	F	Z	H	A	S	D	C	S	X	K	L	V	F
A	P	R	A	Y	E	R	E	E	K	S	B	L	E	R	B
U	S	N	S	A	Z	W	V	Q	C	O	F	S	B	H	Q
E	K	O	U	U	N	X	G	C	H	H	A	D	Q	J	I
Y	V	G	V	I	X	H	K	B	A	E	V	Y	A	R	P
M	S	V	X	W	Y	Y	C	Z	D	J	A	N	T	W	D
F	H	X	A	U	K	O	M	E	N	T	H	Z	H	G	L
W	U	S	V	S	B	M	R	O	M	F	N	T	C	O	B
L	T	G	S	B	R	E	S	S	V	X	Y	I	I	Z	Y
E	Z	L	S	I	F	R	K	L	G	T	U	U	O	A	D
I	C	Q	H	F	E	D	I	F	R	M	M	E	Q	N	F
S	D	F	O	P	B	O	N	X	Y	V	H	U	S	M	A

ANYONE
SICK
ELDERS
CHURCH
PRAY
ANOINT
OIL
NAME
LORD
PRAYER
OFFERED
FAITH
PERSON
WELL
RAISE

(ANSWERS ON PAGE 46)

When you need... ANSWERS

Read Psalm 20:1–5

S A C R I F I C E S C C X N
W Q D H J F O E U T G R A W
V C G S E W T S Y O S M F U
A P T H B L S D D Z E G X G
W E R R L E P D T R U V E Z
G P L O R T M M U B Z W P P
H J S T T P I S E R I S E D
O E S T I E W L H Z H T R W
E I L J Z Y C D D M R T A S
D H U N O W R T R O P P U S
H D J O Z F M A T R Y P T R
O X Q L V S J R U T R A E H
G E I X H I E D Y T Z O A Y
Q V B K J B E F K L C R H V
Z L X X M E V S M Q E N H A
N K Z E C E N H H W D M A K
A F M C X A G J S Z Z R K S
J E U S L E C N L O X W O V
R S D P C Q A F X G N D H L

LORD	GOD	PROTECT	SACRIFICES
ANSWER	HELP	SANCTUARY	PLANS
DISTRESS	DESIRE	SUPPORT	SUCCEED
NAME	HEART	REMEMBER	

(ANSWERS ON PAGE 46)

Read Matthew 7:7–8

H	W	K	D	V	P	G	L	F	J	P	Y	S	P	T	I
D	F	E	W	G	L	G	L	K	O	N	J	F	C	C	F
N	X	J	H	X	U	A	X	P	B	J	T	Q	T	I	H
W	A	B	O	K	B	O	E	T	W	C	U	I	N	P	K
F	I	P	F	V	A	N	Y	G	U	P	L	D	S	N	G
A	K	L	V	N	E	S	B	G	O	C	S	O	O	B	B
N	V	W	L	D	F	L	E	U	J	U	L	C	W	K	U
N	O	Y	B	B	P	I	P	L	Y	K	K	H	N	X	C
O	I	P	C	G	E	J	Y	Y	H	Q	R	G	H	W	Q
N	S	U	F	L	H	W	Z	S	R	G	W	J	D	L	P
N	E	C	Q	D	A	E	M	H	S	J	I	B	D	E	V
E	V	A	D	J	N	W	F	E	B	U	Y	A	Y	A	O
S	I	D	J	P	T	A	I	S	N	Q	Z	E	M	N	S
K	E	M	T	C	W	S	S	K	Q	O	A	V	E	N	X
P	C	W	U	H	I	J	N	K	U	P	Y	N	U	G	E
I	E	F	K	W	E	W	H	E	V	D	K	R	C	W	V
X	R	E	Q	K	T	X	N	C	V	R	Q	T	E	T	S
U	E	N	F	R	O	Q	Q	P	R	I	F	R	B	V	E
S	A	R	M	R	O	O	D	D	T	I	G	R	M	D	E

ASK
WILL BE
GIVEN
SEEK
FIND
KNOCK
DOOR
OPENED
YOU
EVERYONE
RECEIVES
ONE
WHO

(ANSWERS ON PAGE 46)

When you need...STRENGTH

Read Isaiah 40:30–31

S S L T L Y Y D G B E H H W
E S X Q V A E N J V S R A Y
I S T T B L Y H G A U L L B
Y G Q R B A L J X N K L Q O
L O F M E I M V Z D E R I T
K I U W W N L I S Y S S U W
T T O N D Q G D U H I X E M
S Q P O G B D T O R T A X M
R M P H W X D F H U R U T R
E V T I W I P E L Y P R O R
N H H Q Z T B Q L A T B O Y
E Y C W K D N M M C J X Q T
W U L T J L W N S I X R X N
C Y L C Y J I D H E A M K I
Y Y I S C P G O N O L T P A
W B X D G E T J S X P G P F
S A R K P N X A I G W T A M
E O Y O V S I S E D I T Y E
L Q H E F R S W K E W S Y U

YOUTHS	HOPE	SOAR	WEARY
TIRED	LORD	WINGS	WALK
YOUNG	RENEW	EAGLES	FAINT
STUMBLE	STRENGTH	RUN	

(ANSWERS ON PAGE 46)

Read 1 Peter 5:10–11

Y	G	O	D	I	P	X	A	I	G	P	H	Z	V	M	G
K	Y	F	W	O	B	Q	C	P	D	F	M	F	M	R	W
C	S	A	K	G	L	O	R	Y	M	D	P	G	A	T	C
A	Y	T	X	R	I	I	T	U	G	P	E	C	S	H	M
Z	T	W	R	Z	M	M	H	S	N	Q	E	L	R	O	E
F	V	T	B	O	H	X	I	O	R	Y	Z	I	L	P	A
U	V	X	Y	C	N	M	E	Q	P	K	S	H	Q	A	X
L	X	X	T	U	T	G	E	X	V	T	N	E	H	A	C
C	I	G	Y	Y	B	L	E	Q	X	F	I	R	M	X	B
P	J	T	I	D	I	X	C	U	T	M	R	Z	H	X	E
G	J	L	T	H	F	U	R	D	K	T	R	L	C	F	S
C	M	B	W	L	U	D	E	K	S	Y	W	C	L	L	J
A	G	H	K	T	E	R	D	A	L	N	U	E	G	E	S
X	O	T	U	M	E	W	F	R	U	A	R	G	M	S	M
H	V	S	K	F	M	D	V	J	E	O	N	Q	G	M	V
D	Q	U	F	U	A	G	P	P	T	W	V	R	G	I	E
N	D	U	O	E	U	E	L	S	X	V	O	B	E	H	I
M	S	V	T	J	C	G	E	W	V	A	I	P	H	T	H
B	M	S	M	R	E	R	L	S	F	E	D	F	L	N	E

GOD
GRACE
CALLED
ETERNAL
GLORY
CHRIST
SUFFERED
LITTLE
WHILE
HIMSELF
RESTORE
STRONG
FIRM
STEADFAST
POWER

(ANSWERS ON PAGE 46)

When you need... FORGIVENESS

Read Psalm 19:12–13

S	W	H	Z	A	Y	W	E	V	I	G	R	O	F
D	I	B	I	C	F	G	C	Y	C	F	R	N	L
J	U	N	M	D	X	E	K	S	T	L	U	A	F
V	T	W	S	J	D	L	N	E	D	V	W	R	S
S	S	C	R	A	B	E	Y	Y	E	S	Z	E	M
T	A	E	A	R	O	E	N	L	P	P	R	Y	C
R	C	Y	M	Z	L	G	Q	P	Y	V	P	N	U
L	L	I	H	U	T	D	U	W	A	L	O	S	L
S	B	B	R	K	Q	Q	B	N	L	I	L	N	H
S	D	L	L	A	O	G	T	G	S	Z	R	B	Q
R	B	L	A	M	E	L	E	S	S	B	R	E	B
O	P	P	M	D	D	P	E	O	H	D	T	Y	A
R	O	G	D	A	L	R	N	R	P	N	X	S	N
R	P	F	H	R	G	U	Y	R	E	B	U	S	L
E	F	B	Q	S	O	T	F	C	E	U	V	E	D
E	E	I	N	U	A	X	O	L	K	C	J	T	N
U	Z	A	E	E	K	N	S	M	L	Z	S	M	F
O	R	N	R	U	N	L	D	U	Y	I	D	I	A
T	N	G	E	I	M	W	F	Z	G	C	W	N	D

DISCERN
ERRORS
FORGIVE
HIDDEN
FAULTS
KEEP
SERVANT
WILLFUL
SINS
RULE
GREAT
BLAMELESS
INNOCENT
TRANSGRESSION

(ANSWERS ON PAGE 46)

Read John 16:22–24

W A E E S L L I W T H V S P P M

H B G Z R T S T O H G M T R Y X

A N M A M I B N T V O E E N S P

T L P W I G D T E W S J A H S C

E E R G O N H J O W O M G S F O

V C I P R A U T T I E I U L W M

E N H Y P I V M C F I H L P X P

R T X C Q F E E G L B L P Z H L

B L N L A C T F N C B K N N E E

Q S S L G I E P E U V R N W W T

U M A V M B V Q T S Q M U K B E

A Q S E I K I G E Q Q B K Y S B

H E O M X U E B U T Y X A R O A

R N T C B I C T I X S W R C Y Q

P L N H E R E G F W A X E W D V

K Y I N B U R P A E X S H V G X

P U O R X I Y Z K V Y J T Q A W

M O V Y V O X A J I R P A O X M

N D F B J M T U O G Z I F H Z T

TIME
JOY
GIVE
GRIEF

ASK
WILL SEE
AGAIN
REJOICE

NO ONE
TAKE AWAY
FATHER
WHATEVER

MY NAME
RECEIVE
COMPLETE

(ANSWERS ON PAGE 47)

When you need... FAITH

Read 2 Chronicles 20:20–21

L O C U S U W U Y T Z K S S
I F J D I K P N J Z U P H G
S N M Q N O V H H A L K S G
T F A A G R E L E E M J M P
E A I F E Z O L N L U J R G
N I O B F R P D P H D O P H
Q T C A D U O C Q O P M K X
S H O P H R S N C H E D M L
G N U P D N B K E B W P M L
X I A O E P V T T S K L S H
P C K I D Y S K S G U E T S
Q O D N H G N E X F Y V M L
R M N T P K N R S V Q N B L
K V X E U I E S E K S C X Q
Y C O D L V E K H S M H V K
L V B O E C E N K Y I T P J
Q R H R C O O A C D G A W O
G Q O U O N D H Q G O M R V
J F S C B Q U T W I R G F P

LISTEN
PEOPLE
FAITH
LORD
GOD
SING
UPHELD
PROPHETS
SUCCESSFUL
APPOINTED
PRAISE
SPLENDOR
HOLINESS
THANKS
FOREVER

(ANSWERS ON PAGE 47)

Read Hebrews 11:1–3, 6

A	G	D	N	N	S	G	Z	I	W	Y	U	F	G	D	U
R	S	D	F	L	O	F	X	Q	E	Z	G	O	D	N	U
M	W	S	F	G	C	T	I	V	D	V	S	H	D	D	I
L	S	A	U	S	T	Q	S	W	O	P	E	E	U	M	J
H	G	Z	K	R	X	H	H	E	Q	S	R	I	P	A	C
A	O	G	T	O	A	M	I	D	E	S	P	O	L	V	B
I	Z	P	A	E	V	N	M	F	T	Z	S	Z	J	E	Y
E	K	L	E	E	C	F	C	A	Z	S	S	W	J	L	B
K	Q	O	V	V	V	N	N	E	I	M	X	L	X	V	P
F	S	B	A	A	I	D	E	B	I	S	H	Q	Z	G	T
B	L	P	B	U	J	S	L	D	L	V	O	Y	F	L	Y
W	I	N	C	C	A	E	I	R	I	E	Y	K	Q	A	J
O	D	C	M	G	P	C	E	B	T	F	S	R	P	B	K
Z	N	M	E	P	Z	D	H	D	L	U	N	A	N	P	F
H	A	T	X	V	I	I	E	Y	Z	E	O	O	E	L	R
T	M	E	H	A	C	M	N	J	G	C	B	H	C	L	X
I	M	H	H	Q	R	Q	O	H	O	W	A	V	T	X	P
A	O	P	D	O	Q	N	Y	P	C	C	W	Z	D	I	W
F	C	X	F	X	V	P	U	N	I	V	E	R	S	E	W

FAITH	CONFIDENCE	FORMED	IMPOSSIBLE
HOPE	ASSURANCE	COMMAND	PLEASE
GOD	UNDERSTAND	VISIBLE	BELIEVE
NOT SEE	UNIVERSE	WITHOUT	

(ANSWERS ON PAGE 47)

When you need... WISDOM

Read Psalm 111:10

F	O	L	L	O	W	T	G	M	F	E	A	R	Z
N	K	G	P	Q	H	H	B	Y	V	J	V	B	T
E	U	A	K	X	L	X	R	C	W	D	T	R	P
W	G	U	Q	B	M	D	T	C	S	D	R	R	D
D	I	E	D	G	E	I	C	O	I	X	A	O	I
S	I	S	L	K	M	J	H	Z	V	I	E	H	L
M	G	X	D	X	J	Y	L	Q	S	W	D	Q	Y
Y	B	N	M	O	W	H	D	E	V	T	S	K	E
M	V	G	I	H	M	I	B	F	R	G	F	D	V
P	L	M	G	D	E	H	H	R	N	C	V	Y	H
S	B	S	X	A	N	P	S	G	J	N	N	K	Q
D	U	H	T	H	G	A	N	G	S	K	E	O	E
O	F	R	P	X	F	I	T	T	N	A	T	T	K
F	L	P	N	N	N	X	P	S	K	O	E	W	F
D	J	C	V	N	L	E	O	X	R	R	L	L	A
O	F	Y	I	M	C	B	Y	I	N	E	H	E	Z
O	I	G	L	E	Q	K	Z	A	L	E	D	J	B
G	E	R	R	D	D	H	L	H	N	I	H	N	U
B	L	P	U	C	N	I	Y	A	F	F	X	J	U

FEAR
LORD
ALL
BEGINNING
UNDERSTANDING
WISDOM
FOLLOW
PRECEPTS
GOOD
BELONGS
ETERNAL
PRAISE
HIM

(ANSWERS ON PAGE 47)

Read James 1:5–6

S	V	I	L	O	K	S	A	K	W	X	D	Z	E	A	R
T	C	O	F	V	T	G	G	X	J	K	X	H	J	F	X
O	N	N	F	A	W	O	N	M	D	S	N	E	V	I	G
S	V	K	V	Q	U	K	T	U	O	H	T	I	W	T	X
S	M	Z	E	T	T	L	Y	Y	B	E	X	B	Y	V	T
E	I	D	O	O	M	I	T	M	I	I	K	S	U	H	D
D	G	O	D	R	L	S	W	O	Y	S	E	Z	A	O	U
B	P	Q	A	M	N	H	X	I	H	D	Q	G	G	O	D
Z	K	F	K	V	F	E	K	B	H	L	K	Y	Y	F	D
Q	N	B	E	Z	U	Y	U	L	H	U	P	T	Q	N	C
E	N	I	F	Q	F	G	L	A	R	O	R	Z	O	S	A
Q	W	O	F	S	A	A	G	S	W	H	K	B	Q	N	Z
F	O	I	T	X	D	G	P	L	U	S	E	E	Q	K	P
H	L	G	N	P	N	M	Q	G	L	O	V	N	Y	W	M
J	B	J	K	I	F	V	O	S	G	E	R	E	A	I	W
Y	C	H	D	L	D	K	K	D	I	S	M	E	R	G	F
N	E	N	K	V	G	C	Y	L	S	I	G	M	N	V	U
E	I	K	F	W	A	R	E	N	J	I	V	H	W	E	X
F	P	Z	G	L	B	B	R	P	N	Z	W	D	X	Y	G

ANY
GOD
ASK
LACKS
WISDOM
SHOULD
GENEROUSLY
WITHOUT
FINDING
FAULT
GIVEN
BELIEVE
DOUBTS
BLOWN
TOSSED

(ANSWERS ON PAGE 47)

When you need... COURAGE

Read Joshua 1:8–9

```
Y G M E D I T A T E B L E C
L A O S B E H B Z Z R R O C
E Q D H U E U R E H L M H I
X W V I E C S L O N M R W R
F J H G S Y C L N A E T L C
J X I E F C Y E N I S S G O
S D P Z R X O D S H J O D U
F B C O U E E U M S D H L R
D V R S F D V R R J F E S A
G E A K K G N E G A V U R G
T A A T D A V Z R Y G M L E
D V U M B S V O D D K E K O
N L S O L H L U B I D O D U
V Z O W U U J S G W A G O S
E H C R F G C N A E E R T B
P U H E D Y O X X B V O F J
X Y R T X R P T R P O A D A
X A I A T E L H C P D F H J
C P G S S U O R E P S O R P
```

MEDITATE	HAVE	COMMANDED	AFRAID
CAREFUL	BOOK	DISCOURAGED	STRONG
PROSPEROUS	LORD	WHEREVER	GO
SUCCESSFUL	GOD	COURAGEOUS	

(ANSWERS ON PAGE 47)

Read Philippians 1:20

O	E	X	A	L	T	E	D	C	Y	D	O	B	Z	W	S
K	W	T	I	G	C	C	Z	M	M	Z	T	J	E	U	K
H	U	F	W	U	H	H	P	F	C	W	P	Q	F	F	E
L	E	Z	Z	B	S	C	W	E	G	X	Z	F	J	U	I
P	R	W	M	J	X	E	H	V	C	C	I	G	H	O	L
S	U	X	T	Y	Y	D	Z	R	M	C	K	W	B	O	L
K	E	L	A	W	Y	X	N	C	I	T	P	Q	D	D	A
R	P	W	W	O	G	I	P	E	E	S	U	W	X	D	S
S	O	V	X	D	I	E	N	M	L	G	T	Q	I	R	H
N	H	R	Y	Q	G	T	E	V	O	X	A	Z	A	L	A
W	X	Y	K	Y	H	I	W	X	R	U	T	R	Q	F	M
E	B	H	Q	O	T	S	M	H	P	G	Q	E	U	V	E
E	S	G	I	C	W	N	W	K	Y	E	K	E	V	O	D
P	A	H	O	Z	D	E	A	T	H	L	C	B	I	A	C
E	Z	N	D	J	K	K	L	K	Y	E	R	T	G	Q	H
R	L	L	Q	Z	Q	G	X	H	G	O	Q	E	S	Y	D
S	K	W	A	O	Q	Q	U	O	Y	Y	K	O	G	U	A
S	O	Y	R	B	F	E	G	U	G	V	S	B	G	A	Q
N	A	L	W	A	Y	S	G	Y	I	D	D	K	L	X	E

EAGERLY
EXPECT
HOPE
NO WAY

ASHAMED
HAVE
SUFFICIENT
COURAGE

NOW
ALWAYS
CHRIST
EXALTED

BODY
LIFE
DEATH

(ANSWERS ON PAGE 47)

When you need... GUIDANCE

Read Proverbs 3:5–6

S T R A I G H T U S L Z X S
A V T S U R T A W F E C U W
U V N J F L L I J O N H R A
R S X T B L T W U S L V P Y
K P L R S H O I C E G Q Q S
F V R A J W V E A W U G O G
M G L E A H M N N V M Y J Q
H K N H Q M U Q O D Z J N H
L Q Y I Q U S Y V S X S J F
D U C E D V J U L E J O W X
K Q T C D N X S K W A R G Z
Q L N Z B Y A K E T T L D B
Z V A I J T T T Z I N O Y V
I V B F I I T E S X U V R J
S J N V M F L U T R X H H V
H A R B N X L D Z I E T C E
T E U U T P R V X G Q D O G
A S O G O O Q B H B B N N N
P F Y J L Y D M A K E L S U

TRUST
LORD
WITH
HEART
LEAN
NOT
YOUR
ALL
WAYS
SUBMIT
MAKE
PATHS
STRAIGHT
UNDERSTANDING

(ANSWERS ON PAGE 47)

Read John 16:13–14

B V B G E V I E C E R Y V W P U
V E Y F N F B L G D A U H S D Z
C I B O D D T P C M S A P Y F C
N P K C U H M E J M T E J V S M
W P K I J U E Z G R A L W B L C
O F J K O X M I N K Y E C N N A
N M T X F N K Z S G Q P P Y F I
Z F R E B J K Y Q Z T B J P N C
M D A M L R Y W G H A W N W O B
C A E P D L C K T Z K N X E K D
Z U K N H S E U P E E T W O P V
Z Q T E R M R P C Y U C F O E E
U S U A E T P V S E F K V S N L
S J E G X W A E X I Q I P C B K
V H Q W E Y M S I Y T I R I P S
A B Q D T O K N O Y B W W O L L
O C I G C N K R H U L A X R L A
X U M E Q D S X F T O J G V B G
G E F R V V V L W E S U A C E B

SPIRIT
TRUTH
COMES
GUIDE
YOU
SPEAK
OWN
WHAT
HEARS
TELL
GLORIFY
BECAUSE
RECEIVE
MAKE
KNOWN

(ANSWERS ON PAGE 47)

When you need... INSPIRATION

Read 1 Chronicles 16:23–25

Q	E	D	D	W	L	M	D	L	S	A	W	K	Y
D	W	A	P	O	A	Y	J	I	T	R	D	T	R
M	A	S	R	R	X	W	N	R	K	F	E	N	S
Z	A	D	W	T	O	G	W	C	H	O	C	A	F
U	D	R	U	E	H	C	R	X	J	Y	L	C	B
R	Z	U	V	X	W	W	L	U	J	V	A	E	J
G	O	L	I	E	J	Y	B	A	A	Y	R	N	H
P	C	A	P	N	L	I	G	T	I	D	E	A	Y
C	E	I	R	H	M	O	I	Q	D	M	G	Z	C
G	F	O	T	Q	B	O	U	M	W	N	N	V	P
Q	M	F	P	T	N	C	I	S	O	X	G	Y	G
E	N	W	F	L	V	O	S	M	W	X	M	H	X
C	C	N	N	U	E	L	A	N	O	P	P	X	G
K	N	M	D	G	G	S	E	E	O	G	E	B	L
S	Y	A	N	Q	T	S	H	S	M	I	F	U	O
C	V	Y	W	A	R	S	D	A	I	N	T	V	R
Y	A	A	E	R	K	P	V	E	B	A	J	A	Y
A	B	R	G	Y	Y	M	K	L	E	A	R	K	N
D	G	U	H	N	H	T	O	Y	Q	D	K	P	N

SING
LORD
EARTH
DAY
PROCLAIM
SALVATION
MARVELOUS
DECLARE
GLORY
AMONG
NATIONS
DEEDS
PEOPLES
GREAT
PRAISE

(ANSWERS ON PAGE 48)

Read **Hebrews 10:23–25**

N	E	L	U	F	H	T	I	A	F	R	E	F	H	R	Z
H	M	N	S	W	X	M	Z	C	D	J	N	C	Q	Z	A
Y	O	W	C	S	G	O	O	D	D	E	E	D	S	P	B
P	T	L	A	O	Q	P	X	E	V	Y	W	Q	P	N	U
R	G	J	D	M	U	B	T	Q	V	B	I	R	Q	N	V
A	C	S	N	F	Z	R	E	T	I	Q	O	N	S	B	T
Z	Z	L	O	V	E	O	A	U	J	A	Q	W	D	J	C
I	X	I	V	V	Y	H	F	G	C	S	E	R	X	R	J
O	U	X	O	J	Y	W	F	H	I	R	B	X	U	Z	D
Y	R	U	B	D	L	P	I	S	V	N	K	B	A	P	K
K	V	G	M	A	V	N	L	I	Q	N	G	V	W	H	S
S	Y	U	O	K	G	R	N	U	D	Q	E	F	U	Y	K
O	R	O	R	S	H	G	E	E	S	S	E	F	O	R	P
V	E	D	E	C	L	L	S	D	P	D	C	R	F	L	C
W	H	K	E	Y	A	I	E	D	I	I	R	P	L	J	V
L	T	L	B	M	M	X	U	E	E	S	L	A	Y	L	H
L	O	K	R	O	M	D	O	P	X	O	N	T	W	X	I
X	N	H	R	C	K	L	O	B	F	T	U	O	S	O	C
Q	A	P	Q	B	R	H	O	M	U	I	V	H	C	Z	T

HOLD	PROFESS	APPROACHING	ANOTHER
HOPE	PROMISED	UNSWERVINGLY	MORE
SPUR	FAITHFUL	GOOD DEEDS	TOWARD
LOVE	CONSIDER	ENCOURAGING	

(ANSWERS ON PAGE 48)

When you need... **HELP**

Read Psalm 46:1–3

Y S J Z B Q B D Y K H R H U
M T W Q T D N Y Q E E U N P
O R Y A U T Q M E G U F E R
U E X V T A G G N I G R U S
N N X C H E K N X K T C S I
T G H I H G R E F N G C F K
A T S A X P L S E G Q Q C O
I H K O W Z C S O R G W H C
N P C T V D E L L A F E S T
S M E I H R O P G L L I X C
S U T V P C M F F P X A I U
R Q L R G L U K H T R A O R
O N E U J O P E O R B D Q R
E V B C O C L I A V Z B O Y
E B J P L B W E I H A Y M G
A U S I U O F H M V T O J Z
E I I O L T P U A D I R H Y
D Q R U O Z M E O T B H A Q
E T W N Z I F Z F X P E R E

GOD
FALL
ROAR
FOAM
REFUGE
STRENGTH
EVER PRESENT
MOUNTAINS
HELP
TROUBLE
NOT FEAR
EARTH
WATERS
QUAKE
SURGING

(ANSWERS ON PAGE 48)

Read Hebrews 4:15–16

C	N	F	G	W	D	R	H	C	A	O	R	P	P	A	C
C	H	Q	O	K	R	P	R	E	F	Q	R	G	U	O	J
O	R	I	U	H	Y	V	E	E	H	K	H	P	N	T	W
E	W	F	G	S	T	Q	A	P	C	A	Q	F	C	E	A
C	G	B	U	H	X	T	Z	P	T	E	I	B	A	N	K
A	D	U	K	L	P	H	T	V	R	D	I	K	N	E	B
R	O	E	G	G	Z	R	Z	A	E	T	N	V	N	E	L
G	G	Y	Z	H	J	D	I	N	F	E	K	G	E	V	H
W	P	G	W	I	H	U	C	E	S	U	V	G	V	N	L
S	Q	A	F	K	H	E	K	S	S	M	M	Q	D	G	Z
Q	R	G	Y	Z	O	T	E	K	Z	T	T	L	N	G	R
B	A	E	K	A	R	S	A	A	P	X	N	Y	I	S	K
D	P	P	K	Y	Q	D	E	P	N	S	A	J	S	Q	I
E	P	H	C	Z	E	J	I	E	M	W	O	W	T	C	D
T	O	R	F	N	A	K	L	A	Y	E	R	R	O	B	L
P	E	N	O	U	X	B	Z	R	J	O	M	P	N	C	K
M	Y	R	P	H	A	G	E	C	W	G	N	R	L	N	S
E	H	J	R	N	Y	V	L	O	C	K	O	J	G	E	I
T	K	F	U	Q	E	D	L	Q	Z	J	X	Y	I	W	H

HIGH PRIEST
UNABLE
EMPATHIZE
WEAKNESSES

TEMPTED
EVERY WAY
NOT SIN
APPROACH

THRONE
CONFIDENCE
RECEIVE
MERCY

GRACE
HELP
GOD

(ANSWERS ON PAGE 48)

When you need... PATIENCE

Read Psalm 37:5, 7

N R U S W B E S T I L L I C
L T V K S K M I H Q Q F A D
E F V B N O T I A W W R J G
S H K E A E N G M F R V D C
T D P L U I D Q C Y M E N V
A R Z A X E Y N Z X E Y O Q
E Y U T T U L B P C P V Q V
K Q M S C I N P C N M X F D
V R N S T H E U T W Z A D O
F J D E K N S N K J P R Y I
Q L P H P P Q D T L G Q I T
G T W L B C T Y J L S A E I
T T I B T M V S Z G Y E A M
E J C X O S E J E N S D M M
R T K E A M Q L Q R J I K O
F L E D E Y D O P U O U Z C
T B D H Y W X R X O A F R Z
O F C A Z J Y E O N E M E W
N S W V J V D S I L M P E B

COMMIT
WAY
LORD
TRUST
HIM
BE STILL
BEFORE
WAIT
PATIENTLY
NOT FRET
PEOPLE
SUCCEED
CARRY
WICKED
SCHEMES

(ANSWERS ON PAGE 48)

Read Ephesians 4:1–3

R I Y Z A E I U O V P O T N C N
N E F N Z I J X R D O T P P P H
D C C Q I Z P N N G H L A X U B
Y I A E O R E I H U E I P M O O
I Q T L I I A E Y E J D B M X M
A P Q L L V C A L H D L B M N A
W C C I J I E Z E X E L U W N L
Q E Q G G S N D U N F B E O I W
O R G W G E Z G F L E L T N E G
F K U X V E W B I H P H K Y C A
U Q Z O W O R T H Y E P L Z C B
D L L P K R C P E R M E H M Y I
V H Z K A S D T J Y T R G T L Y
V E I W O P N Q Y E L N G P W R
T P H W W E D I L W I Y E Y X A
U N X G I P Z P Q R Y E T L I J
O F A T E O M X A P N J V I K B
T N A Z E O Y E T T C N F I N J
G P H E C Z B A E F F O R T L U

URGE
LIVE
WORTHY
CALLING
RECEIVED
COMPLETELY
HUMBLE
GENTLE
PATIENT
BEARING
ANOTHER
LOVE
EFFORT
UNITY
PEACE

(ANSWERS ON PAGE 48)

When you need... SALVATION

Read Psalm 27:1–2

D	C	C	B	E	U	B	K	N	D	Q	R	L	A
E	H	E	S	Y	S	D	Z	A	Y	W	X	G	R
V	S	E	C	T	D	C	D	Z	C	V	A	Z	P
O	L	H	N	O	U	N	Q	J	E	I	M	G	Y
U	K	I	L	E	A	M	X	J	N	O	L	Y	D
R	Q	D	G	O	M	O	B	S	N	F	B	J	R
S	W	G	K	H	U	I	T	L	J	W	L	J	O
L	C	I	U	U	T	M	E	E	E	N	L	U	L
H	F	Z	C	T	H	J	J	S	N	B	U	F	U
D	N	R	B	K	L	J	C	A	J	Z	E	R	U
L	B	J	Y	P	E	W	H	N	K	C	B	T	F
O	V	C	O	S	S	D	O	E	N	T	N	F	W
H	Z	N	K	C	E	I	G	A	Z	X	C	Z	L
G	L	I	F	E	T	F	V	D	Y	N	X	P	F
N	Z	E	S	A	Q	D	P	L	I	R	E	E	H
O	B	B	V	V	A	W	L	F	Y	A	A	M	T
R	Z	L	T	K	Q	A	Y	I	I	R	R	D	T
T	A	V	J	U	H	N	Q	W	D	U	L	F	T
S	H	E	R	S	N	W	M	O	H	W	R	K	A

LORD	WHOM	AFRAID	DEVOUR
LIGHT	SHALL	WICKED	ENEMIES
SALVATION	FEAR	ADVANCE	STUMBLE
STRONGHOLD	LIFE	AGAINST	

(ANSWERS ON PAGE 48)

PAGE 2

PAGE 3

PAGE 4

PAGE 5

PAGE 6

PAGE 7

PAGE 8

PAGE 9

PAGE 10

PAGE 11

PAGE 12

PAGE 13

ANSWERS

PAGE 14

PAGE 15

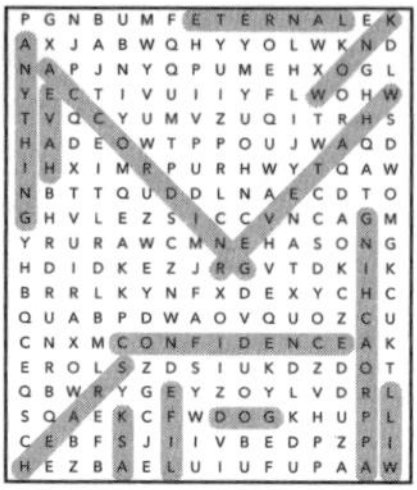

PAGE 16

PAGE 17

PAGE 18

PAGE 19

PAGE 20

PAGE 21

PAGE 22

PAGE 23

PAGE 24

PAGE 25

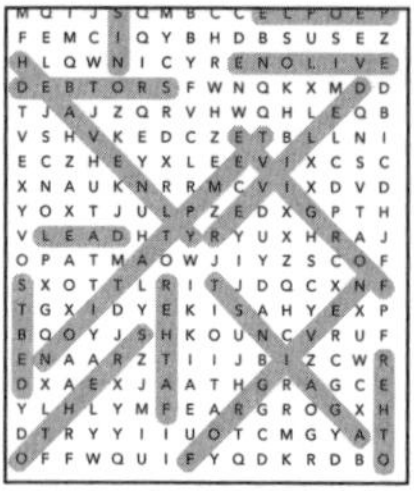

PAGE 26

PAGE 27

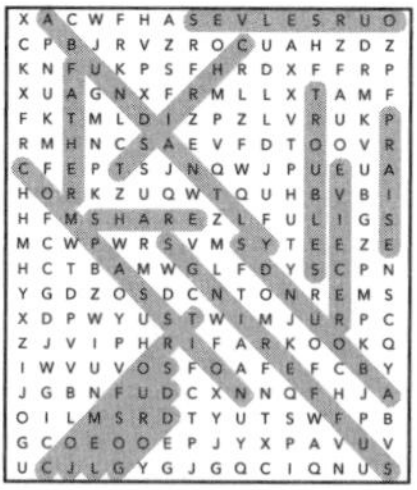

PAGE 28

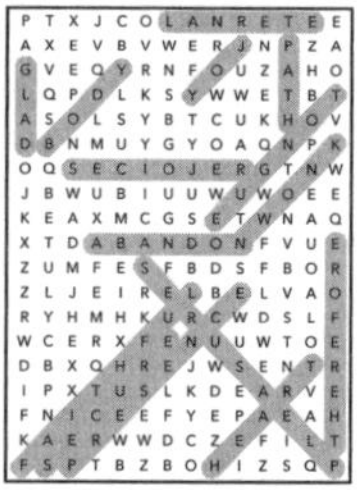

PAGE 29

PAGE 30

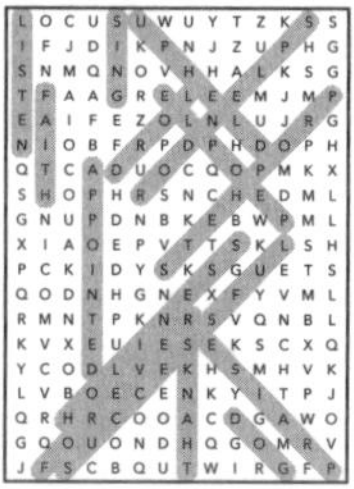

PAGE 31

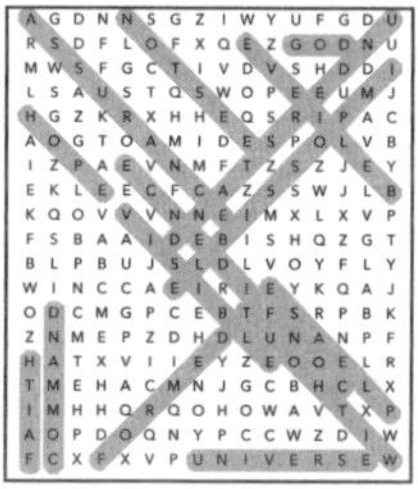

PAGE 32

PAGE 33

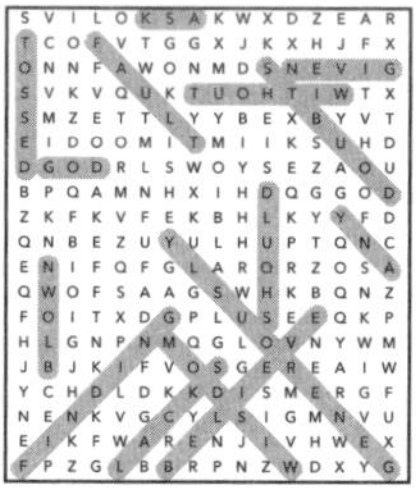

PAGE 34

PAGE 35

PAGE 36

PAGE 37

PAGE 38

PAGE 39

PAGE 40

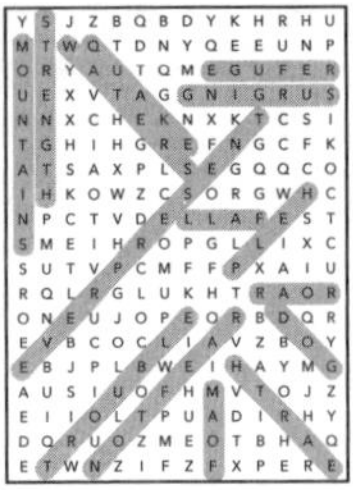

PAGE 41

PAGE 42

PAGE 43

PAGE 44